CoCon

VERLAG

In gleicher Ausstattung sind in der
„Hessen-Reihe" des CoCon-Verlags erschienen:

Jörg Stier:	Vom Baum in den Bembel. Die handwerkliche Herstellung der hessischen Apfelweine
Jörg Stier:	Apfelwein in Geschichten und Anekdoten
Birgit Neeb:	Handkäs' Komposiitionen. delikat, exotisch, elegant
Claus J. Viering:	Blutwurst-Lasagne auf Speierling-Sauerkraut Hessische Kulinaria aus der Adlerküche

Erschienen im CoCon-Verlag
In den Türkischen Gärten 13, 63450 Hanau
Tel. (06181)17700, Fax (06181)181333
E-Mail: kontakt@cocon-verlag.de
www.cocon-verlag.de

Titelbild: Joerg Eyfferth
E-mail: joerg.eyfferth@web.de – www.joerg-eyfferth.de
Druck: Druckkollektiv GmbH, Gießen

ISBN 978-3-937774-63-3

Blutwurst-Lasagne
auf
Speierling-Sauerkraut

Hessische Kulinaria aus der Adlerküche
von Claus J. Viering

CoCon-Verlag

Rezepte

Saucen und Remouladen 11

Hessen-Tapas 17

Sauerkraut 21

Inhaltsverzeichnis

Inhaltsverzeichnis

Inhaltsverzeichnis

Die Küche

Am 1. Oktober 1975 begann ich meine Kochausbildung in der Gutsschänke Neuhof in Götzenhain. Eine klassische, traditionelle Kochausbildung legte den Grundstock für meinen heutigen Kochstil. Das Kennenlernen fremder Küchen wirkt sich nachhaltig auf die Zusammenstellung meiner Adler-Gerichte aus. Traditionelle, regionale Küche, mit fremden Einflüssen verbunden, macht diese interessant und vielseitig. Sie werden beim aufmerksamen Lesen der Rezepte feststellen, welche Verflechtungen mit der hessischen Küche zusammenkommen.

1992 übernahm ich das „Gasthaus Adler" in Mittelbuchen. 1880 erbaut, war es zunächst ein Bauernhof. In den 50er und 60er Jahren wurde um- und angebaut, so dass ein Gasthaus mit Gartenlokal entstand. Es wurde Apfelwein gekeltert und regelmäßig geschlachtet. Viele Frankfurter und Hanauer kehrten ein und genossen Hausmacher „Worscht", Schlachtplatte und „Äppelwoi". In den 80er Jahren ging diese Tradition verloren.

Bei einem meiner Besuche in der Kelterei Stier in Bischofsheim und bei Kostproben der verschiedenen Apfelweine wurde der Grundstock für die heutige „Adler-Küche" gelegt. Eine neue Geschmacksrichtung tat sich auf. Schlehe, Speierling, Quitte und viele Sorten mehr gaben mir neue Ideen für die Küche. Das Kochen mit und um den Apfelwein kann ich mir nicht mehr wegdenken.

Der nächste Schritt war das Suchen und Finden heimischer Produkte. Die Vielfalt der Angebotene war überwältigend. Kennen Sie Kartoffel- oder Krautwurst aus dem Vogelsberg, die schönsten Hausmacher Wurstsorten aus der Wetterau?

Probieren Sie Lammfleisch aus der Rhön – das Rhönschaf war fast ausgestorben –, herrliche Forellen aus klaren hessischen Gewässern und zahlreiche andere regionale Spezialitäten. Mittlerweile gibt es viele Anbieter und Selbstvermarkter, die auf heimische Produkte setzen, biologischen Anbau betreiben und dies kon-

sequent durchsetzen. Auf vielen Wochenmärkten in hessischen Städten kann man daher auf Gutes aus Hessen zurückgreifen. Ich bin sicher, auch bei Ihnen in der Nähe gibt es entsprechende Anbieter.
Die Devise lautet: Alles ein wenig leichter, ohne die Kraft des Deftigen einzubüßen, eine Küche pflegen, die mit regionalen Produkten arbeitet, auf die Karte nehmen, was die Jahreszeiten zu bieten haben, und zum Schluss das Ganze mit einem Schuss Originalität auf den Tisch bringen.
Ich will Ihnen mit diesem Buch die hessische Apfelweinküche näher bringen, Tipps, Tricks und Anregungen geben sowie Verständnis für heimische Produkte wecken. Sie finden in diesem Buch keine sture Auflistung von Rezepten, sondern vielmehr Beschreibungen und Anregungen zum Kochen mit und um den Apfelwein.
Ebenso gibt es Hinweise auf die Verwendung von Fertigprodukten, die im Haushalt nützlich und sinnvoll eingesetzt werden können. Denken Sie daran: Lieber ein gutes Fertigprodukt als ein schlechtes aus eigener Herstellung.

Ich hoffe, Sie haben viel Freude beim Lesen und bekommen neue Ideen und Anregungen, Ihre Küche zu bereichern.
Mit regelmäßigen Veranstaltungen rund um den Apfelwein, zum Beispiel mit unseren Apfelwein-Festivals, will ich dazu beitragen, dieses Thema einem großen Kreis interessierter Gäste näher zu bringen.

Claus J. Viering
Inhaber und „Äppelwoi"-Koch im „Adler"
Alte Rathausstraße 2, 3454 Hanau-Mittelbuchen
Tel. 06181-71855
www.adler-mittelbuchen.de

SAUCENREMOU

Saucen & Remouladen

Auf den ersten Seiten präsentiere ich einige Saucen und Remouladen, auf die wir immer wieder zurückgreifen werden. Sie können im Folgenden feststellen, wie vielseitig sie verwendbar sind.
Wundern Sie sich deshalb nicht, wenn meine Mengenangaben oft etwas großzügig sind.

Adler-Dressing

½ l Fleischbrühe, 3 dl dunkler Balsamicoessig,
1,5 dl Walnussöl,
200 g selbst hergestellte Mayonnaise,
Salz und Pfeffer nach Belieben

Ich werde von meinen Gästen immer wieder gefragt, wie machst Du eigentlich Deine Salatsauce; sie schmeckt so anders? Hier nun für alle Salatfreunde mein beliebtes Adler-Dressing.

Das Öl und die zimmerwarme Fleischbrühe mit dem Schneebesen gut vermengen. Danach langsam den Essig einrühren und mit der Mayonnaise verbinden. Die fertige Sauce sollte jetzt eine leicht cremige Konsistenz haben. Mit Salz und Pfeffer abschmecken.

Apfelweinmayonnaise

3–4 Eigelb, ¼ l Pflanzenöl, etwas Speierlingapfelwein,
Salz und Pfeffer

Das Eigelb mit dem Handmixer schaumig rühren. Nach und nach langsam und tropfenweise das Öl einrühren, bis eine feste kompakte Masse entsteht. Dann den Apfelwein, Salz und Pfeffer dazugeben.

Wichtig:
Alle Zutaten müssen die gleiche Temperatur haben, da die Sauce sonst gerinnt.

Salatsaucen

Öl, Essig, feingehackte Zwiebeln oder Schalotten, etwas Senf, Salz, Pfeffer, eine Prise Zucker

Jeder Salat schmeckt nur so gut wie seine Salatsauce oder das Dressing. Es werden heute viele verschiedene Öle und Essigsorten angeboten. Olivenöl, Traubenkernöl, Rapsöl oder Walnussöl, um nur einige zu nennen, lassen sich wunderbar mit den verschiedenen Essigsorten verbinden.
Tafelessig, Branntweinessig, Balsamico oder Apfelessig geben Ihrer Sauce immer eine andere Geschmacksrichtung.
Für eine klare Salatsauce – Vinaigrette – verwenden Sie Öl und Essig nach Ihrem Geschmack.

Vermischen Sie Essig und Öl im Verhältnis 3 zu 1 je nach Menge und Personenzahl. Geben Sie Senf, Zwiebeln und Essig in eine Schüssel und rühren alles zusammen mit einem Schneebesen gut durch. Langsam das Öl unterheben und mit Salz, Pfeffer und Zucker abschmecken. Zum Verfeinern können Sie noch fein gehackte Kräuter dazugeben. Stellen Sie eine größere Menge her, in einer Flasche abgefüllt, lässt sich Ihre Sauce einige Tage im Kühlschrank aufbewahren.

Paprikamark

Je nach Menge:
rote Paprikaschoten, Zwiebeln, etwas Brühe und Apfelwein

Halbieren Sie die Schoten, entfernen Sie die Kerne und das Weiße im Inneren und den Strunk. In grobe Stücke schneiden und mit feingehackten Zwiebeln andünsten. Mit etwas Brühe und Apfelwein auffüllen und weich dünsten. Mit dem Pürierstab durchmixen und durch ein Haarsieb streichen.

Apfelremoulade

500 g Quark, 3 Esslöffel Apfelkompott,
½ Glas Speierlingapfelwein, Salz und Pfeffer

Alle Zutaten gut vermengen und gekühlt aufbewahren.

Kräuter-Senf-Mayonnaise

Für dies Mayonnaise greifen Sie bitte auf das Grundrezept von S. 12 zurück.
Nehmen Sie die Kräuter der Grünen Soße und hacken Sie sie klein. Das Ganze mit der Mayonnaise vermischen und mit einem scharfen Senf (Dijonsenf) abschmecken. Die Sauce eignet sich hervorragend zu kaltem Fleisch.

Hessenpesto

Kräuter der Grünen Soße,
1 Glas Mispelapfelwein, 1 Löffel Pinienkerne oder Walnüsse,
Salz und Pfeffer

Ist ganz einfach in der Herstellung und kann je nach Jahreszeit variiert werden. Hier verwende ich die klassischen Kräuter der Grünen Soße, die Sie auf dem Markt finden.

Kräuter gut waschen und von den Stielen entfernen. Mit den restlichen Zutaten im Küchenmixer gut pürieren, fertig!

Hessen-Tapas

In Spanien eine beliebte Kleinigkeit, die man einfach im Stehen an der Theke zu sich nimmt. Hier nun neu interpretiert und auf unsere hessische Küche abgestimmt. Kleine gesalzene Mürbeteigböden werden mit verschiedenen Füllungen belegt und im Backofen gebacken.
Die Mürbeteig-Pastetchen werden mit circa 40 bis 50 Gramm der jeweiligen Füllungen versehen, mit Royal begossen und anschließend im vorgeheizten Backofen bei 140 Grad circa 12 Minuten gebacken.
Die Royal sorgt dafür, dass die Pastetchen nicht zu trocken werden und bindet die verschiedenen Zutaten.

Grundrezept für den Mürbeteig

500 g Mehl, 15 g Salz, 300 g weiche Butter, 1 Ei, 2–3 Esslöffel Milch

Alle Zutaten in eine Schüssel geben und zu einem Teig zusammenkneten. Den fertig gekneteten Teig in Klarsichtfolie einhüllen und im Kühlschrank 2 Stunden ruhen lassen. Für die Tapas nun die Förmchen gut ausbuttern und mit Semmelbrösel ausstreuen. Den Teig auf bemehlter Unterfläche dünn ausrollen, mit den Förmchen ausstechen und die ausgestochenen Teile anschließend in die Förmchen pressen. Im vorgeheiztem Ofen bei 160 Grad circa 10 bis 12 Minuten backen.

Tipp
Füllen Sie die ausgelegten Förmchen mit getrockneten Erbsen, damit der Teig beim Backen nicht so stark aufgeht. Nach dem Backen die Erbsen vorsichtig aus den Förmchen nehmen.

Fertige Mürbeteigböden sind auch im Handel erhältlich.

Rezept für die Royal

3 Eier und 3 Eigelb mit ¼ l Milch vermengen.
Hiervon geben wir immer 2 bis 3 Esslöffel auf das gefüllte Pastetchen.

Füllungen

Scheuen Sie sich nicht davor, eigene Füllungen zu kreieren. Die Pastetchen sind leicht und schnell vorzubereiten und eine ideale Kleinigkeit in geselliger Runde beim Schoppen. Sie können auch Gemüse und Fleisch miteinander verbinden.

Sauerkraut und Leberwurst
Zwei Drittel gekochtes Sauerkraut mit einem Drittel Leberwurst – frisch oder geräuchert – langsam erhitzen. Gut durchmengen und die Pastetchen damit füllen. Anschließend mit Royal begießen und ... immer das gleiche Verfahren wie oben anwenden.

Spinat und Ziegenkäse
Blattspinat – auch Tiefkühlkost-Ware – mit der gleichen Menge Ziegenkäse vermischen. Mit Salz und Pfeffer abschmecken und ...

Lauch und getrocknete Tomaten
Lauch in feine Streifen schneiden und in Butter weich dünsten. Verwenden Sie nur die hellen Stellen, diese sind saftig und zart. Getrocknete Tomaten in Würfel schneiden und unter den gedünsteten Lauch mischen. Kräftig abschmecken und ...

Zwiebel und Speck
Zwiebeln schälen und in Scheiben schneiden. In Butterfett dünsten und den feingewürfelten Speck dazu. Mit Salz und Pfeffer abschmecken und die Pastetchen damit füllen ....

Ziegenfrischkäse mit Hessenpesto
Ziegenfrischkäse und Hessenpesto im Verhältnis 2:1 vermischen. Die Pastetchen damit füllen ...

Weißer und grüner Spargel mit Schinken
Gekochten Spargel in feine Würfel schneiden, mit gewürfeltem Schinken vermengen und ...

Sauerkraut

Sauerkraut ist in der hessischen Küche nicht wegzudenken. Sein großer Vorteil: Es ist das ganze Jahr erhältlich, und es gibt unzählige Möglichkeiten, Sauerkraut mit ganz unterschiedlichen Speisen zu variieren ... Sauerkraut ist ein idealer Begleiter unserer Küche.

Können Sie sich vorstellen, dass die Chinesen die eigentlichen Erfinder des Sauerkrauts sind? Schon vor 2000 Jahren wurde der Kohl in hölzernen oder irdenen Töpfen in Salzlake gelagert und haltbar gemacht. Sauerkraut enthält viel Vitamin C. Mit nur 200 Gramm Kraut lässt sich der Tagesbedarf eines Erwachsenen an diesem Vitamin decken, außerdem ist es sehr kalorienarm und enthält viele sättigende Ballaststoffe. Also ein richtig gesundes Essen.

Einkaufstipps:
Krautköpfe müssen blank, frei von Flecken oder Fraßstellen sein. Sommersorten sind im Kopf oft locker und im Grün intensiver als die festen gelblichen Herbstsorten. Schon aufgeschnittene Krautköpfe halten sich mit Klarsichtfolie abgedeckt bis zu einer Woche im Kühlschrank. Mittlerweile gibt es frisches, eingesalzenes Kraut zu kaufen. Kaufen Sie nur die entsprechende Menge, die Sie auch brauchen, und kochen Sie das Kraut immer frisch.

Grundrezept zum Sauerkrautkochen

**Schmalz oder Butterfett, feingehackte Zwiebeln,
500 g frisches Sauerkraut, Wacholderbeeren,
Lorbeerblätter, Pfefferkörner, 2 rohe Kartoffeln,
Salz, Zucker, Gemüsebrühe, Apfelwein**

Feingehackte Zwiebeln in Schmalz oder Butterfett andünsten, Sauerkraut und Brühe dazugeben. Kartoffeln auf der Haushaltsreibe fein reiben und mit dem Kraut vermischen, damit es schön sämig wird. Lassen Sie das Ganze 30 bis 40 Minuten köcheln und geben Sie dann ein Glas Quittenapfelwein dazu. Ihr Sauerkraut bekommt einen ganz neuen Geschmack.

Tipp

Binden Sie Lorbeerblätter, Wacholderbeeren und Pfefferkörner in ein kleines Stück Stoff ein und legen Sie das Säckchen ins Kraut. Nach dem Kochen können Sie das Säckchen problemlos entfernen und haben keine Körner im Kraut.

Sauerkrautvariationen

Unser Sauerkraut ist gargekocht, sämig und enthält durch die Zugabe von Quittenapfelwein eine besondere Note. Nun stellen wir einige Ableitungen her, die es bunt und interessant machen.

Rahmsauerkraut

Gekochtes Sauerkraut und flüssige süße Sahne langsam erwärmen. Rechnen Sie pro Person circa 200 Gramm Kraut und ½ Tasse Sahne. Das Kraut bekommt eine helle Farbe und muss leicht flüssig bleiben. Dieses Kraut eignet sich bestens zu Fischgerichten.

Paprikasauerkraut

Geben Sie in das gekochte Rahmsauerkraut 2 Esslöffel Paprikamark (Rezept auf Seite 14).

Das Kraut bekommt eine zart rosa Farbe und einen leicht süßlichen Geschmack.

Grünes Sauerkraut

Rahmsauerkraut mit 2 bis 3 Esslöffel Hessenpesto vermengen (Rezept auf Seite 15). Durch die Zugabe der Kräuter ergibt sich eine wunderbare grüne Farbe und eine neue Geschmackslinie.

Kartoffeln

Ursprünglich stammt die Kartoffel aus Südamerika. Erst Mitte des 16. Jahrhunderts brachten spanische Seefahrer einige Kartoffelknollen mit nach Europa. Im Jahr 1756 erließ König Friedrich der Große von Preußen den staatlichen Befehl zum Kartoffelanbau im ganzen Land. Es gibt zahlreiche Kartoffelsorten, um die verschiedenen Wünsche der Verbraucher zu erfüllen.
Hier eine kleine Auswahl nach Kochtyp:
Mehligkochend: Aula, Adretta, Karlena
Festkochend: Cilena, Serafina
Vorwiegend festkochend: Solara, Sekura, Agave, Arnika.
Haben Sie gesehen, alle Kartoffelsorten haben weibliche Namen!
Mehligkochende Kartoffeln eignen sich für Salzkartoffeln, festkochende für Bratkartoffeln und vorwiegend festkochende für Klöße.

Ofenkartoffeln und Pellkartoffeln sind eine interessante Alternative zu unseren Kartoffelgerichen. Beide sind ideale Begleiter zu Fleischgerichten und lassen sich – nach dem Kochen aufgeschnitten – füllen. Verwenden Sie hierfür vorwiegend festkochende Kartoffeln, sie platzen beim Kochen nicht auf.
Am einfachsten ist es, Pellkartoffeln zu verwenden:
Kochen Sie die Kartoffeln in reichlich Salzwasser und geben Sie Kümmel hinzu. Nach dem Kochen das Wasser abschütten und die Kartoffeln auskühlen lassen.

Ofenkartoffeln

Die Ofenkartoffel wird im Backofen gegart. Legen Sie ein Backblech mit Alufolie aus und bestreuen Sie es mit grobem Meersalz. Hierauf legen Sie die Kartoffeln und garen diese bei 140 Grad je nach Größe 1 bis 1½ Stunden. Durch die trockene Luft und das Salz bekommt die Kartoffel einen besonderen Geschmack.

Hessischer Kartoffelsalat

500 g festkochende Kartoffeln, ½ l Fleischbrühe, Essig, Öl, 2 Löffel feingehackte Zwiebeln, 1 Löffel fein gewürfelter Speck

Die Kartoffeln in reichlich Salzwasser mit etwas Kümmel kochen. Wasser abschütten und die Kartoffeln ausdampfen lassen. Die Kartoffeln schälen und in feine Scheiben schneiden. Speck und Zwiebeln andünsten und mit der Fleischbrühe aufkochen. Den Essig in die heiße Brühe gießen und das Ganze mit den Kartoffeln gut vermischen. Den Salat ziehen lassen, dann erst das Öl dazu geben und mit Salz und Pfeffer abschmecken.

Dieser Kartoffelsalat schmeckt besonders gut zu Fisch. Servieren Sie ihn am besten mit Apfelremoulade oder Apfelweinmayonnaise.
Dazu passt ein Glas „Cidre trocken" ausgezeichnet.

Kartoffelstampes

Eine sehr schmackhafte Beilage aus den ländlichen Gebieten, die leider in Vergessenheit geraten ist. Die Zubereitung ist relativ einfach.
Je nach Personenzahl nehmen Sie mehlig-festkochende Kartoffeln, die geschält und gekocht werden. Die gekochten Kartoffeln zerstampfen, Kartoffel und Apfelkompott im Verhältnis 2:1 mit ausgelassenen Speckwürfeln vermengen. Vorsicht beim Abschmecken mit Salz, da die Speckwürfel Salzgeschmack abgeben.
Eine schöne Beilage, die wir später zu verschiedenen Fleischgerichten reichen werden.

Gestampfter Kartoffelbrei

Eine Variante unseres bekannten Kartoffelbreis. Wie bereits oben beschrieben, die entsprechende Menge Kartoffeln schälen und kochen. Ausdampfen lassen und in eine größere Schüssel geben. Milch aufkochen und langsam auf die Kartoffeln gießen. Mit einem Stampfer die Masse gut zerdrücken. Frische Butterflocken, Salz und Muskat als Gewürz hinzugeben.
Der gestampfte Kartoffelbrei ist kompakter als der normale Kartoffelbrei, und es müssen sich richtige Stückchen Kartoffeln darin befinden.
Wichtig: Die Milch muss aufschäumen, damit sie sich mit den Kartoffeln gut verbindet.

Kartoffelgemüse

Eine ganz andere Zusammenstellung von Kartoffeln und Sahne. Mit Essig abgeschmeckt, ist diese Beilage leicht säuerlich und passt hervorragend zu verschiedenen Fleischgerichten.

Feingehackte Zwiebeln, 500 g Pellkartoffeln,
½ l Sahne, Lorbeerblätter, etwas Essig

500 Gramm Pellkartoffeln schälen und in Scheiben schneiden. Die Zwiebeln in Butter leicht andünsten, mit Sahne auffüllen und zusammen mit den Lorbeerblättern etwas einkochen lassen. Mit Kartoffelstärke leicht dicklich abbinden. Jetzt noch die gekochten Kartoffelscheiben dazu und mit Salz und Essig abschmecken.

Natürlich können Sie für das Kartoffelgemüse auch gekochte Kartoffeln vom Vortag verwenden. Kaufen Sie für dieses Gericht vorwiegend festkochende Kartoffeln.

Auf der nächsten Seite empfehle ich Ihnen einige Beilagen zum Kartoffelgemüse.

Kartoffelgemüse mit verschiedenen Beilagen

Kartoffelgemüse ist ein herrliches Gericht, das sich mit vielen Fleisch- und Wurstsorten verbinden lässt.
Ein gegrilltes Rippchen mit gebratenen Speckwürfeln oder eine kross gebratene Kartoffelwurst passen wunderbar dazu.
Legen Sie heiße Fleischwurst oder frische Blut- und Leberwürstchen auf das Gemüse und genießen Sie dazu ein Glas „Apfelwein nach traditioneller Art" – eine wunderbare Zusammenstellung.
Braten Sie Lammfilets und würzen Sie diese mit frischen Chili-Schoten. Ein scharfes Gericht, das hervorragend mit unserem Gemüse harmoniert.

Kennen Sie „Ahle Worscht"? Geräuchert und lange Zeit abgelagert, ist sie eine Spezialität, die nur schwer zu finden ist. Schneiden Sie die Wurst in Stücke und heben Sie sie unter das Kartoffelgemüse. Der intensive Geschmack entfaltet sich genüßlich und steigt in die Nase.
Weichgekochte Linsen, mit Speck und Petersilie unter das Kartoffelgemüse gemengt, schmecken besonders gut zu gepökeltem oder gekochtem Fleisch.

Ich hoffe, dass das Kartoffelgemüse auch in Ihrer Küche wieder einen Platz bekommt.

Kartoffeln

Grundrezept für Knödelteig

1 kg vorwiegend festkochende Kartoffeln, 2–3 Eier, Kartoffelmehl, Salz, Muskat

800 Gramm Kartoffeln in der Schale kochen, 200 Gramm Kartoffeln roh schälen und auf der Haushaltsreibe fein reiben. Die geriebenen Kartoffeln fest durch ein Tuch drücken. Die aufgefangene Flüssigkeit in eine Schüssel geben und ruhen lassen. Die gekochten Kartoffel ausdampfen lassen, schälen und durch die Kartoffelpresse in eine Schüssel drücken. Die rohen Kartoffeln dazugeben. Mit Eier, Salz und Muskat vermengen. Die zuvor aufgefangene Flüssigkeit abgießen und die nun gewonnene Stärke zu den Kartoffeln geben.
Alles gut vermengen und eventuell noch etwas Speisestärke hinzu geben.

Tipp:
Es gibt mittlerweile sehr gute Fertigprodukte.

Formen Sie pro Person 2 Knödel nach dem Knödelteig- Grundrezept. Mit dem Daumen drücken Sie eine Mulde in die Mitte und geben Sie die Füllung hinein. Rechnen Sie für einen Knödel 60 bis 80 Gramm Füllung.
In kochendem Salzwasser die Knödel aufsteigen und 15 Minuten ziehen lassen. Servieren Sie die Knödel auf Sauerkraut, egal, ob weiß, rot oder grün. Sie haben ein leckeres und buntes Essen. Zum Schluss mit ausgelassenen Speckwürfeln und gehackter Petersilie bestreuen.

Gekochte und gefüllte Kartoffelklöße

Größter Beliebtheit erfreuen sich die gefüllten Kartoffelklöße bei meinen Gästen. Fast in Vergessenheit geraten, findet man mittlerweile sogar in Supermärkten gefüllte Klöße. Nach dem Grundrezept für den Teig gebe ich Ihnen hier nur einige Anregungen für die Füllung. Gekochtes Fleisch, Wurst, Gehacktes – fast alles kann verwendet werden.

Zweierlei gekochte Klöße auf Sauerkraut

8 Klöße nach Grundrezept (Seite 30),
300 g frische oder geräucherte Leberwurst,
300 g geräucherte Blutwurst
(diese müssen Sie zuvor im Backofen bei 80 Grad geschmeidig und formbar machen, siehe Seite 54),
Sauerkraut, 2 dl Bratenfond, ausgelassene Speckwürfel

Füllen Sie 4 Klöße mit Leberwurst und 4 Klöße mit Blutwurst. Geben Sie diese in kochendes Salzwasser und lassen Sie sie 15 Minuten ziehen. Das gekochte Sauerkraut auf die Teller verteilen und jeweils einen Kloß mit Leber- und Blutwurst darauf anrichten. Etwas heißen Bratenfond auf die Klöße geben und mit den ausgelassenen Speckwürfelchen bestreuen.
Dazu einen leicht gekühlten Schlehenapfelwein.

Mein Lieblingskloß

Gefüllter Kartoffelkloß mit Rhöner Ziegenkäse auf Apfelkompott und Honig-Cidre-Sauce

Kloß mit Ziegenkäse füllen und kochen. Auf Apfelkompott anrichten. Eine Tasse trockenen Cidre mit einem Löffel Honig aufkochen und etwas einreduzieren lassen. Fertige Sauce über Kloß und Kompott geben.
Kann eine Hauptmahlzeit sein, schmeckt aber auch wunderbar als Nachtisch und bildet mit einem Glas Cidre den krönenden Abschluss eines Menüs.

Frittierte Klöße

Eine etwas andere Variante sind die frittierten Klöße. Außen knusprig braun, unterscheiden sie sich nicht nur farblich von den gekochten Klößen. Verwenden Sie die Füllungen wie oben beschrieben. Durch das Frittieren tritt der Eigengeschmack der Füllungen noch stärker hervor.

Formen Sie die Klöße etwas kleiner und rechnen Sie 3 Stück pro Person. In der Haushaltsfritteuse bei 160 Grad 10 bis 12 Minuten garen.

Tipp
Haben Sie keine Fritteuse, nehmen Sie einen Topf und erhitzen darin Pflanzenfett.

Gebackene Klöße mit Dörrobst

Für Vegetarier: Schneiden Sie getrocknetes Mischobst in feine Würfel und füllen Sie die Knödel damit. Die Klöße wie oben angegeben frittieren und mit Salat und Apfelremoulade anrichten.

Gefüllter Kloß mit Räucherlachs

Für Genießer: Elegant und schmackhaft durch den leichten Rauchgeschmack, der sich beim Frittieren des Teigs durch den Lachs entwickelt. Angerichtet auf grünem Sauerkraut auch eine optische Augenweide. Sehr gut schmecken diese Klöße in Verbindung mit frischen Blattsalaten und Apfelremoulade. Als Getränk empfehle ich einen leichten, süffigen Schlehenapfelwein.

Suppen

Es gibt klare, pürierte und passierte Suppen. Ich möchte mich auf Suppen beschränken, die leicht abwandelbar sind. Für eine gute Suppe brauchen wir auf alle Fälle einen Fond (Brühe).

Herstellung eines Fond

Suppenfleich, Rinderknochen, Lauch, Sellerie, Karotten, Zwiebeln, Pfefferkörner, Lorbeerblätter

Kaufen Sie bei Ihrem Metzger Suppenfleisch und Rinderknochen. Die Knochen unter fließendem, kaltem Wasser gut abspülen. Fleisch und Knochen in einen großen Topf geben und mit reichlich kaltem Wasser zum Köcheln bringen. Nach circa einer Stunde geben Sie etwas gewaschenen Lauch, Sellerie, Karotten und 2 Zwiebeln mit Schale dazu. Die Zwiebelschale färbt die Brühe leicht dunkel. Pfefferkörner und Lorbeerblätter dazu und weitere Zeit ziehen lassen. Nach 2 Stunden haben wir einen schönen Fond und eine gute Basis für unsere Suppen.

Tipp
Wem der Aufwand zu groß ist, kann auf Fertigprodukte zurückgreifen.

Grundrezept für Mehl-Butter

Um Suppen oder Saucen sämig zu machen, müssen wir sie leicht andicken oder abbinden. Es gibt hierzu verschiedene Möglichkeiten. Die beste und schmackhafteste ist die Verwendung von Mehl-Butter.
Lassen Sie Butter – Menge nach Bedarf – in einem Topf flüssig werden und rühren langsam Mehl dazu, bis ein kompakter Teig entsteht.
Kochen Sie die entsprechende Suppe oder Sauce auf und geben Sie nun langsam kleinere Mengen unserer Mehl-Butter in die kochende Flüssigkeit und schlagen Sie die Masse kräftig mit dem Schneebesen. Wenn die Suppe oder Sauce entsprechend dicklich ist, können Sie diese durch ein feines Haarsieb gießen und abschmecken.

Tipp
Sie können die Mehl-Butter in Klarsichtfolie längere Zeit im Kühlschrank aufbewahren.

Rote Sauerkrautsuppe

200 g Sauerkraut (Grundrezept Seite 29), 600 ml Brühe,
Paprikamark (Grundrezept Seite 24), Salz, Blutwurst

Das Sauerkraut mit der Brühe auffüllen und aufkochen lassen. Geben Sie die süße Sahne und 2 bis 3 Esslöffel Paprikamark, je nach Geschmack, dazu. Mit etwas Salz abschmecken und einer Scheibe gebratener Blutwurst garnieren.

Passierte Kartoffelsuppe

Für 4 Personen
Feingehackte Zwiebeln, 4 bis 5 geschälte, rohe Kartoffeln, etwas Lauch, Sellerie und Karotten,600 ml Fond

Zwiebeln in Butterfett andünsten, die geschnittenen Kartoffeln und das gewürfelte Gemüse dazugeben und dann den Fond aufgießen.
30 Minuten köcheln lassen und mit dem Pürierstab das Gemüse zerkleinern und mixen. Etwas Sahne darübergießen und mit Salz und Pfeffer abschmecken.

Tipp
Nehmen Sie die gleiche Menge Lauch wie Kartoffeln – und Sie haben eine Kartoffel-Lauchsuppe. Verfahren Sie mit Sellerie genauso – und eine Kartoffel-Selleriesuppe ist fertig. Je nach Jahreszeit können mit frischem Gemüse immer andere Suppen hergestellt werden. Probieren Sie Wirsing, Spargel, Broccoli usw. Verfahren Sie immer wie bei unserer Kartoffelsuppe.

Apfel-Curry-Suppe

Gewürfelte Zwiebeln, 3–4 säuerliche Äpfel (zum Beispiel Boskop), 600 ml Brühe, 1 Tasse Sahne, Curry, Apfelwein

Äpfel schälen, in Scheiben schneiden und mit den Zwiebeln andünsten. Die Brühe dazugeben und 25 Minuten köcheln lassen. Mit dem Pürierstab durchmixen und danach die Sahne und den Curry unterrühren. Mit Salz leicht würzen und kurz vor dem Servieren noch etwas Apfelwein angießen.

Rahmsuppe von Grüner Soße

1–2 Pakete Grüne Soße, 800 ml Fond, 250 ml süße Sahne, Salz, Pfeffer, Speisestärke

Die Kräuter gut waschen, die Stiele entfernen und mit etwas Fond im Mixer pürieren. In einen Topf geben und mit dem restlichen Fond aufkochen. Die Sahne zugießen und die Suppe mit angerührter Speisestärke leicht andicken. Mit Salz und Pfeffer abschmecken.
Wenn Sie möchten, schneiden Sie etwas gekochtes Rindfleisch vom Fond als Einlage in die Suppe.

Geröstete Apfel-Grießsuppe mit gebackenen Handkäswürfeln

200 g Weichweizengrieß, 2 säuerliche Äpfel, 500 ml Fleischbrühe, 10 ml Quittenapfelwein, 2 Handkäse, 1 Löffel Butter

Den Grieß in der heißen Butter unter ständigem Rühren anrösten. Wenn der Grieß eine leicht dunkle Farbe hat, mit der Fleischbrühe auffüllen und aufkochen. Die Suppe wird nun leicht sämig. Die Äpfel in feine Würfel schneiden und mit dem Apfelwein in die Suppe geben. Die Handkäse würfeln und wie ein Schnitzel panieren. In schäumender Butter kurz braten und mit der Suppe zusammen servieren.

SÜLZCHEN

Hausgemachte Sülzchen

Früher waren Sülzen eine beliebte Speise, die mittlerweile fast völlig aus den Küchen verschwunden ist. Wir beleben diese Tradition mit ein paar neuen Ideen. Angerichtet mit „Musik“, Grüner Soße und Salat stellen sie eine schöne Zwischenmahlzeit oder mit Bratkartoffeln ein komplettes Sommeressen dar.
Die Herstellung ist immer gleich. Sie können aus verschiedenen Sorten Fleisch, Fisch oder Gemüse zubereitet werden.

Grundrezept Sülzenstand

500 ml Fond, 8–10 Blatt Gelatine,
feingeschnittene und gekochte Gemüsewürfel
aus Lauch, Sellerie und Karotten,
Salz und Pfeffer zum Würzen, etwas Essig

Den Sülzenstand brauchen wir, um der Sülze Bindung und Geschmack zu geben. Verwenden Sie viel Aufmerksamkeit bei der Herstellung.
Der Sülzenstand ist das A und O der Sülze!
Blattgelatine in kaltem Wasser einweichen, danach fest ausdrükken und in dem warmen Fond auflösen. Die Gemüsewürfel dazugeben und mit Salz, Pfeffer und etwas Essig kräftig abschmecken. Achten Sie beim Kochen darauf, dass das Gemüse knackig und bissfest bleibt.
Eine Kuchen-Kastenform mit Klarsichtfolie auslegen. Nun können Sie das Gemüse schichten und immer mit dem Sülzenstand auffüllen. Zum Schluss sollte immer eine leichte Schicht Sülzenstand obenauf sein. Danach das Ganze in den Kühlschrank stellen und gut kühlen lassen, bis das Sülzchen seine feste Konsistenz erreicht hat.
Natürlich kann man auch aus frischem Gemüse Sülzen herstellen. Verwenden Sie hierfür nur marktfrisches Gemüse.
Verfahren Sie auch hier, wie oben beschrieben, mit der Herstellung.

Sülzchen vom Tafelspitz

500 Gramm gekochten Tafelspitz in feine Streifen schneiden und schichtweise mit den Gemüsewürfeln in die Form einfüllen. Den Sülzenstand darüber gießen und kühlen lassen. Das fertige Sülzchen in Scheiben schneiden und mit Salat und Grüner Soße anrichten.

Sülzchen von Rippchen und Kasseler

500 Gramm gekochtes Rippchen und Kasseler in Würfel schneiden und mit Gemüsewürfeln in eine Form einfüllen. Den Sülzenstand darüber gießen und schon haben Sie, angerichtet mit Apfelweinmayonnaise und Bratkartoffeln, ein ideales Essen an heißen Sommertagen. Die unterschiedlichen Farbtöne des gekochten Rippchens und des geräucherten Kasslers geben diesem Gericht einen zusätzlichen Reiz.
Dazu schmeckt der Speierling-Apfelwein ganz hervorragend.

Sülzchen von Rhöner Ziegenkäse und Linsen

Eine interessante Zusammenstellung von Käse und Linsen. Sollten Sie keinen Rhöner Ziegenkäse auf Ihrem Markt finden, greifen Sie auf einen anderen Ziegenweichkäse zurück. Achten Sie darauf, dass der Käse nicht zu scharf schmeckt.

Circa 300 Gramm Linsen längere Zeit einweichen und in Salzwasser weich kochen. Mit kaltem Wasser abspülen und auf einem Küchentuch gut trocken werden lassen. Die Hälfte der Linsen in die Form geben und mit dem Sülzenstand begießen. Die Linsen fest werden lassen und mit dem Ziegenkäse die Form weiter auffüllen. Den Rest der Linsen auf den Käse und mit Sülzenstand auffüllen. Gut durchkühlen lassen, in Scheiben schneiden und mit Apfelremoulade und Salat anrichten.

Mein Äppelwoitipp: Quittenapfelwein.

Schwartemagen von Edelfischen

Eine leicht gewagte und nicht so einfach herzustellende Fischsülze. Gewürzt wie ein Schwartemagen, bekommt der Fisch eine neue Geschmacksnote.

**800 g Fischfilet, 1 Knoblauchzehe, 3 Lorbeerblätter,
700 ml Fischfond, ½ Glas Apfelwein, 12 Blatt Gelatine,
1 Kaffeelöffel Senfkörner, Majoran, frischen Thymian,
Salz, Pfeffer**

Kaufen Sie beim Fischhändler mindestens fünf verschiedene Sorten Fisch. Nehmen Sie weißes und rotes Filet, zum Beispiel Lachs, Victoriabarsch, weißen Heilbutt, Zander oder Seeteufel. Alle Filets in gleichmäßige feine Würfel schneiden. Den Fischfond, den sie fertig kaufen oder selbst herstellen können, mit allen Gewürzen aufkochen, dann den Apfelwein darübergießen und mit Salz und Pfeffer kräftig würzen. Die geschnittenen Fischwürfel einlegen und einmal aufkochen lassen. Den gekochten Fisch aus dem Sud nehmen und abkühlen lassen. Unsere Fischbrühe abseihen und noch etwas einkochen lassen. Messen Sie jetzt hiervon etwa 500 ml ab, und geben Sie 12 Blatt eingeweichte Gelatine hinein. Die Fischwürfel locker in die ausgelegte Form geben und mit der Fischbrühe auffüllen. Im Kühlschrank gut durchkühlen.
Den Schwartemagen in Scheiben schneiden und mit Apfelweinmayonnaise oder Hessenpesto anrichten. Mit etwas Salat garnieren und einem Schoppen Speierlingapfelwein – ein besonderes Erlebnis.

Apfelweinnudeln

Sie werden jetzt denken, Nudeln mit Apfelwein, das geht doch nicht. Überzeugen Sie sich vom Gegenteil! Auch die Hessen können erhvorragende Nudeln herstellen.

Der Nudelteig lässt sich gut vorbereiten und ist im Kühlschrank einige Tage haltbar. Durch den hohen Anteil Apfelwein ist die Kochzeit gering. Aufpassen, dass die Nudeln nicht zu weich kochen.

Grundrezept Nudelteig

1 kg Hartweizengrieß, 2–3 Eier,
0,3 l Speierlingapfelwein

Alle Zutaten gut vermengen und kneten, bis ein kompakter Teig entsteht. In Klarsichtfolie einpacken und im Kühlschrank eine Stunde ruhen lassen. Der Teig muss sich entspannen und der Apfelwein gut durchziehen.

Zum Portionieren schneidet man die entsprechende Menge Teig ab. Wenn Sie eine Nudelmaschine haben, walzen Sie den Teig einige Male durch die dicken Rollen. Nun die Teigplatten ausrollen und in eine Länge von 15 bis 18 cm schneiden. Durch den Aufsatz für Bandnudeln drehen und die Nudeln sind fertig.

Haben Sie keine Maschine, arbeiten wir mit dem Rollholz. Dazu müssen Sie den Teig auf einer bemehlten Unterfläche bis zur gewünschten Stärke ausrollen. Wie oben die Nudelplatten in die gewünschte Länge schneiden, diese zusammenrollen und mit dem Messer die Bandnudeln abschneiden.

Speierlingbandnudeln mit Rauke und Zander

600 g Speierlingbandnudeln, 50 g Rauke (Rucola), Butter, ½ Glas Speierlingapfelwein, 600 g Zanderfilet

Die Rauke in grobe Stücke schneiden und in Butter andünsten. Mit Apfelwein auffüllen und leicht einkochen lassen. Das Zanderfilet leicht salzen und in der Pfanne braten. Die Nudeln in kochendem Salzwasser circa 3 Minuten kochen, abgießen und zur Rauke geben. Alles gut vermengen und leicht mit Salz und Pfeffer abschmecken. Den gebratenen Zander auf den Nudeln anrichten.

Tipp: Sie können auch jeden anderen Fisch verwenden.

Apfelweinspaghetti in Hessenpesto

300 ml süße Sahne, einige Löffel Hessenpesto nach Geschmack, circa 600 g Spaghettii

Die flüssige Sahne einkochen lassen und das Hessenpesto (Grundrezept Seite 15) dazugeben. Mit Salz und Pfeffer abschmecken. Apfelweinspaghetti stellen Sie, wie beim Grundrezept Nudelteig beschrieben, her. Die Nudelplatten werden entsprechend dicker ausgerollt. Die gekochten Spaghetti mit der Sauce vermengen und auf dem Teller anrichten.

Speierlingbandnudeln mit gebratenen Lammwürfeln und Chili

Bestellen Sie bei Ihrem Metzger Lammfilet und lassen Sie sich die Silberhaut auf der Fleischoberseite entfernen. Rechnen Sie ungefähr 150 Gramm Filet pro Person. Lammfilet ist sehr wohlschmeckend und zart und braucht nur eine kurze Bratzeit.

Die Bandnudeln wie oben vorbereiten und kochen. Das Lammfilet in Würfel schneiden und in Butter kurz anbraten. Die Chili-Schoten in feine Streifen schneiden und kurz mit den gebratenen Lammfilets anschwenken. Mit Salz und Pfeffer würzen. Die Nudeln auf dem Teller anrichten und die gebratenen Lammwürfel darübergeben.

Tipp

Sie können auch Schwein, Rind oder Kalb verwenden. Kaufen Sie am besten Lende oder Hüfte. Diese Teile eignen sich besonders gut zum Kurzbraten. Geflügel wie Pute, Poularde oder Perlhuhn sind eine leckere Alternative. Als fleischloses Gericht empfehle ich die Zubereitung mit frischem Gemüse.

Gefüllte Nudeltaschen auf Rahmlinsen

Für 4 Personen
250 g eingeweichte Linsen, feingewürfelte Zwiebeln, Speckwürfel, 2–3 Tassen Sahne, 250 g Leberwurst, Nudelteig

Den Nudelteig dünn ausrollen und mit einem Glas runde Teile von 3 bis 4 cm Durchmesser ausstechen. Geben Sie etwas Leberwurst in die Mitte und bestreichen Sie die Teigränder mit Wasser. Ein zweites rundes Nudelteil darauf legen und die Ränder fest zusammendrücken. Rechnen Sie pro Person mit 6 bis 8 Nudeltaschen.
Die eingeweichten Linsen weich kochen. Speck und Zwiebel andünsten und mit der flüssigen Sahne auffüllen. Die gekochten Linsen dazugeben und leicht abschmecken. Die gefüllten Nudeltaschen kochen und auf die Rahmlinsen verteilen.
Natürlich können Sie die Nudeltaschen auch mit Fleisch, Fisch oder Geflügel zubereiten.

Tipp
Beim Ausstechen der Nudeltaschen entstehen viele Teigabschnitte. Diese wieder zusammenkneten und erneut ausrollen.

Trinken Sie zu den Nudelgerichten Speierlingapfelwein oder ein Glas „Cidre trocken".

Rund um die Blutwurst

Natürlich gehört auch die Blutwurst zu Hessen. Lange Zeit wurde sie als zu gewöhnlich verkannt, obwohl sie sehr vielseitig verwendbar ist. In der Adler-Küche genießt sie einen hohen Stellenwert. Viele Gerichte drehen sich bei mir um die Blutwurst.

Wissen Sie, wie Blutwurst hergestellt wird? Beim Schlachten des Schweins wurde das Blut in einer Schüssel aufgefangen und musste mit einem Reisigbesen kräftig durchgeschlagen werden. Man tat dies, damit sich keine Klumpen bildeten und das Blut nicht gerann und sich absetzte.

Wenn es ans Wurstmachen ging, zeigte sich das Können der Metzger in der feinen Abstimmung der Gewürze. In vielen Teilen Hessens wird unterschiedlich gewürzt und Blutwurst gemacht. Früher kam in die Blutwurst nur Speck, heute wird sie angereichert mit verschiedenen geräucherten oder gepökelten Fleischstücken. Ob frisch, geräuchert oder gebraten: die Blutwurst hat heute ihren festen Platz in meiner Küche.

Ob frisch, geräuchert oder getrocknet, der Geschmack zeugt von der hohen Kunst der Wurstherstellung. Das gilt auch für andere „Hausmacher"-Sorten, wie Sie sich anhand der letzten drei Rezepte überzeugen können.

Rund um die Blutwurst

Um die Blutwurst richtig verarbeiten zu können, müssen wir sie wieder „breiig" machen. Entfernen Sie die Haut der Wurst und schneiden Sie sie in grobe Stücke. Alles in eine Schüssel geben und im Backofen bei 80 Grad langsam warm werden lassen. Öfters mit einem Holzlöffel umrühren, bis sie weich und geschmeidig ist. Mischen Sie verschiedene Sorten, geräuchert oder frisch, ganz nach Ihrem Geschmack.

Blutwurstlasagne auf Speierling-Sauerkrautsauce

700 g Blutwurstmasse, 200 g Apfelkompott,
400 g Knödelteig (Grundrezept Seite 30),
200 g gekochtes Sauerkraut (Grundrezept Seite 22),
300 ml Bratenfond (Grundrezept Seite 62),
1 Glas Speierlingapfelwein, Salz, Pfeffer

Nehmen Sie eine runde Backform und buttern Sie den Boden und die Seiten gut aus. Die Hälfte des Knödelteigs auf einer bemehlte Unterfläche dünn ausrollen und den Boden der Backform damit belegen. Die Hälfte der Blutwurstmasse darauf gleichmäßig verteilen. Den Rest des Teigs ausrollen und auf die Wurstmasse legen. Hierauf die Restmasse Blutwurst geben und mit dem Apfelkompott abschließen. Im Backofen bei 140 Grad 35 Minuten backen. Für die Speierling-Sauerkrautsauce kochen Sie das Sauerkraut mit dem Speierlingapfelwein und dem Bratenfond auf und schmecken sie mit Salz und Pfeffer ab. Die Lasagne in entsprechende Stücke schneiden und auf der Sauce anrichten.

Strudel von Blut- und Leberwurst

500 g Blutwurstmasse, 150 g Leberwurst,
200 g Blätterteig (gibt es gefroren)

Den Blätterteig dünn ausrollen und die Ränder dünn mit Eigelb bestreichen. Geben Sie nun die breiige Blutwurstmasse auf die untere Längsseite des Teigs. Darauf gleichmäßig die Leberwurst verteilen. Rollen Sie den Teig mit der Masse von unten nach oben zusammen. Die Teigenden fest zusammendrücken und die Strudeloberfläche mit Eigelb und Sahne bestreichen.
Im Backofen bei 140 bis 160 Grad circa 15 Minuten backen. Schneiden Sie den Strudel in grobe Stücke, und geben Sie reichlich Apfelremoulade (Seite 14) dazu.

Kasselerkotelette mit Blutwurst überbacken

Für 4 Personen
4 Kasselerkoteletts à 250 g, 250 g Blutwurstmasse,
1 Eigelb, 2 steif geschlagene Eiweiß

Die Koteletts von beiden Seiten scharf anbraten und auf ein gebuttertes Backblech legen. Die Blutwurst mit Eigelb und geschlagenem Eiweiß vermengen. Diese Masse gleichmäßig auf die Kasselerkotelette verteilen und 15 Minuten im Backofen bei 140 Grad backen. Die fertigen Koteletts auf Kartoffelgemüse anrichten und mit einem Schoppen Speierling servieren. Ein mehr deftiges und herzhaftes Gericht für die kalte Jahreszeit.

Blutwurstgugelhupf

In der Herstellung ein etwas schwieriges Gericht, aber wenn Sie den fertigen Gugelhupf kosten, bereuen Sie keineswegs den Aufwand und die Mühe. Ich verwende für dieses Rezept kleine Gugelhupfformen.

Für 4 Personen
200 g Blutwurstmasse, 3 Eigelb, 3 Eiweiß, 125 ml Milch, etwas Mehl und Butter.

Mehl und Butter zu gleichen Teilen verkneten. Die Milch aufkochen und nach und nach mit unserer Mehl-Butter-Mischung (Rezept Seite 37) verrühren, bis eine dicke Sauce entsteht. Diese mit der Blutwurstmasse vermengen und etwas abkühlen lassen. Dann das Eigelb unterheben. Mit dem Mixer das Eiweiß steif schlagen. Mit einem Schneebesen die Eiweißmasse leicht unter die Blutwurst heben. Die Gugelhupf-Förmchen zu zwei Drittel mit der Masse befüllen. Die gefüllten Förmchen auf ein Backblech ins Wasserbad stellen und im vorgeheizten Backofen bei 160 Grad circa 30 Minuten garen. Den Gugelhupf aus der Form stürzen und auf frischem Blattsalat oder Paprikasauerkraut servieren!
Genießen Sie ein ganz neues Blutwurstaroma.
Dazu schmeckt ein traditionell gekelterter Apfelwein hervorragend.

Terrine von Blutwurst und Zander auf Linsensalat

Ich weiß genau, was Sie sich jetzt fragen: Blutwurst und Fisch, das kann doch nicht schmecken? Seien Sie mutig und probieren Sie diese etwas eigenwillige Zusammenstellung.

Für 4 Personen
750 g geräucherte Blutwurst, 200 g Zanderfilet,
700 ml Sülzenstand (Rezept Seite 42),
400 g gekochte Linsen, Walnussöl, Balsamicoessig,
gedünsteter Speck, Zwiebelwürfel, Salz und Pfeffer

Linsensalat:
Die gekochten Linsen mit etwas Öl, Essig und den übrigen Zutaten vermengen und ½ Stunde durchziehen lassen.

Die Haut von der Blutwurst abziehen. Schneiden Sie die Wurst in gleichmäßige, aber nicht zu große Würfel. Das Zanderfilet in Streifen schneiden und in etwas Fischfond dünsten. Danach mit Salz und Pfeffer würzen. Eine viereckige Kuchenform mit Klarsichtfolie auslegen und etwas Sülzenstand einfüllen. Mit den Blutwurstwürfeln belegen und darauf die Zanderstreifen geben. Mit dem restlichen Sülzenstand auffüllen und im Kühlschrank durchkühlen.

Eine Scheibe Terrine abschneiden und auf dem Linsensalat anrichten. Geben Sie noch einen Löffel Apfelremoulade dazu und lassen Sie es sich mit einem Gläschen „Sidra trocken" schmecken.

Blutwurstnocken auf Rahmsauerkraut

Dieses Blutwurstgericht können Sie in größeren Mengen herstellen und im Kühlschrank einige Zeit aufbewahren.

Für 4 Personen
400 g Blutwurstmasse, 250 ml Wasser, 1 Löffel Butter, 2 Eier, 1 Tasse Mehl

Wasser mit Butter und einer Prise Salz aufkochen. Langsam das Mehl einrieseln und kräftig umrühren. Solange rühren, bis sich der Teig vom Topfboden löst. Etwas abkühlen lassen und dann die Eier unterheben. Die Blutwurstmasse unterrühren und alles gut miteinander vermengen. In einem größeren Topf reichlich Wasser zum Sieden bringen. Mit einem Suppenlöffel Nocken abstechen und 12 bis 15 Minuten darin ziehen lassen.
Die fertigen Nocken auf Rahmsauerkraut (Rezept Seite 23) anrichten und mit Speckwürfelchen bestreuen.

Salat mit Blutwurst, Äpfeln und Handkäse

Für 4 Personen
Frische Blattsalate, 4 Äpfel, 4 Handkäse, 200 g geräucherte Blutwurst, Vinaigrette

Alle Zutaten in gleichmäßige, feine Würfel schneiden und auf die angemachten Salate anrichten. Dazu ein kräftiges Bauernbrot. Das ideale Gericht für die warmen Sommermonate, schnell und einfach in der Herstellung.

Eingelegter Schwartemagen mit „Musik“

In Essig und Öl mit feingeschnittenen Zwiebeln eingelegt, wird der Schwartemagen zu einem idealen Gericht im Sommer.

Gebackener Presskopf

Panieren Sie Scheiben vom Presskopf wie ein Schnitzel und braten Sie diese langsam in der Pfanne. Mit Sauerkraut und Kartoffelstampes angerichtet, entfaltet diese Wurst in ihrer Panade den vollen Geschmack.

Wurstsalat rot-weiß

Schneiden Sie Blutschwartemagen und hellen Presskopf in Streifen. Nehmen Sie eine größere Menge fertiger „Musik“ (Essig, Öl und Zwiebeln) und rühren Sie in diese einen mittelscharfen Senf ein. Die geschnittene Wurst mit der Marinade vermengen und kurz ziehen lassen. Fürs Auge und den Geschmack mit geraspelten Radieschen und Petersilie bestreuen.

Fleischgerichte

Fleisch ist aus meinem Speiseplan nicht mehr wegzudenken, da ich es für einen wichtigen Bestandteil unserer Ernährung halte.
Egal ob Rind, Schwein, Kalb oder Lamm, wichtig für den Geschmack ist immer, dass die Qualität des Fleischs stimmt und dass die für den Verwendungszweck richtigen Teile ausgewählt wurden. Gut ausgesuchte und abgehangene Stücke sind schon der halbe Weg zum Erfolg. Lassen Sie sich entsprechend von Ihrem Metzger beraten.
Bei den meisten meiner Fleischgerichte kommt der Apfelwein richtig zur Geltung. Zum Abschmecken der Sauce, zum Einlegen oder zum Marinieren ist der „Äppelwoi" für mich unentbehrlich.

Tipp
Egal, welchen Apfelwein Sie zum Kochen nehmen, trinken Sie anschließend die gleiche Sorte zum Essen und Sie erreichen eine optimale Harmonie von Speis' und Trank.

Grundrezept für Bratenfond

Für 3 Liter Bratenfond
2 kg Knochen, 1 Zwiebel, Karotten, Lauch,
Sellerie, ½ l Rotwein, Pfefferkörner und Lorbeerblätter

Die Herstellung eines Bratenfond ist eigentlich einfach, und er lässt sich problemlos in größeren Mengen herstellen.
Kaufen Sie bei Ihrem Metzger Schweineknochen. Am besten eignen sich hierzu die Rückenknochen vom Kotelett. Bitten Sie Ihren Metzger, diese in kleine Teile zu hacken.
In einem großen Topf Öl heiß werden lassen und die Knochen darin scharf anbraten. Das Gemüse in feine Würfel schneiden und mit den Knochen weiterbraten. Nach circa 20 Minuten ein Drittel des Rotweins dazu gießen und die Brühe einkochen lassen. Ist der Rotwein verkocht, wiederholen Sie diesen Vorgang noch zweimal. Durch das ständige Auffüllen und Einkochen bekommt Ihre Sauce eine kräftige Farbe und einen intensiven Geschmack. Füllen Sie jetzt alles mit 5 Liter Suppenfond oder Wasser auf. Die Pfefferkörner und Lorbeerblätter hinzugeben und alles auf 3 Liter einkochen lassen. Den fertigen Bratenfond durch ein Sieb gießen und wieder aufkochen. Die Sauce jetzt mit unserer Mehl-Butter-Mischung bis zur gewünschten Konsistenz andicken.
Sie haben jetzt eine Saucengrundlage, von der Sie weitere Ableitungen herstellen können, die zu Fleischgerichten und Kurzgebratenem wunderbar schmecken.

Tipp
Den fertigen Bratenfond kann man sehr gut einfrieren. Füllen Sie dazu Ihren Eiswürfelbehälter mit Bratenfond. Wenn die Würfel fest sind, können sie in einem Beutel in der Tiefkühltruhe aufbewahrt werden. Nach Bedarf entnehmen Sie die gefrorenen Würfel.

Herstellung von Saucen für Kurzgebratenes

Die Zubereitung von Saucen ist immer gleich. Lassen Sie Apfelwein etwas einkochen und füllen Sie mit Bratenfond auf. Verfeinern Sie den Geschmack mit frischen Kräutern, Apfelstückchen und vielem mehr.
Hier einige Saucenableitungen, immer für 4 Personen.

Kräutersauce
Kräuter nach Ihrer Wahl gut waschen und fein zusammenschneiden. Butter erhitzen, die Kräuter darin leicht erhitzen und mit Apfelwein ablöschen. Mit dem Bratenfond aufkochen lassen und mit Salz und Pfeffer abschmecken.

Apfel-Pfeffersauce
Einen säuerlichen Apfel schälen, in feine Scheiben schneiden, in Butter andünsten und mit 50 ml Apfelwein nach Ihrer Wahl – ablöschen. Mit 15 ml Bratenfond aufgießen, aufkochen lassen und mit Salz und Pfeffer abschmecken. Zum Schluss grüne, eingelegte Pfefferkörner hinzugeben. Sie können diese Sauce mit etwas flüssiger Sahne verfeinern.

Rosmarinsauce
Diese Sauce eignet sich zu allen Lammgerichten und ist schnell herzustellen. Nehmen Sie frischen Rosmarin und lassen Sie ihn zusammen mit etwas Apfelwein leicht köcheln. Mit dem Bratenfond auffüllen und aufkochen. Anschließend durch ein Sieb gießen, damit Sie nicht auf die harten Rosmarinspitzen beißen. Mit Salz und Pfeffer abschmecken.
Für diese Sauce können Sie auch frischen Majoran oder Thymian verwenden.

Schmorbraten mit Apfelwein

Für dieses Gericht können Teile aller Tiere verwendet werden; der Ablauf beim Schmoren bleibt immer gleich. Am besten verwenden wir Teile aus der Keule oder Schulter. Suchen Sie Fleischstücke aus, die leicht marmoriert und mit etwas Fett versehen sind. Durch das Fett bleibt das Fleisch saftig und ist zudem ein guter Geschmacksträger. Legen Sie die Fleischstücke einige Tage in Apfelwein ein, dadurch wird das Fleisch zart und nimmt den Apfelgeschmack an. Rechnen Sie beim Schmoren mit einem Rohgewicht von 350 Gramm pro Person.

Fleischmenge entsprechend der Personenzahl, Zwiebel, Lauch, Karotten und Sellerie, etwas fertigen Bratenfond.

Das Fleisch von allen Seiten in einem Bräter scharf anbraten. Das Gemüse in Würfel schneiden und mitbraten. Das Fleisch herausnehmen und das Gemüse mit einem Drittel unserer Einlegbrühe ablöschen. Das Ganze einkochen lassen und dreimal wiederholen. Wir tun dies, um eine optimale Farbe und Geschmack zu erreichen.
Das Fleisch wieder hinzugeben, mit Bratenfond auffüllen und im Backofen bei 180 Grad circa 2 Stunden fertig schmoren.
Das gegarte Fleisch herausnehmen und die Sauce noch etwas einkochen lassen. Durch ein Sieb gießen und mit Mehl-Butter etwas andicken. Das Fleisch in Scheiben schneiden und mit der Sauce begießen. Als Beilage reichen Sie Klöße, Kartoffelgemüse oder Stampes.

Solber vom Tafelspitz auf Apfel-Meerrettichsauce

Ursprünglich war Solber eingelegtes oder eingesalzenes Fleisch vom Schwein. In Tongefäßen eingelagert und gekühlt – ein ideales Konservierungsverfahren. Für unser Gericht erstellen wir zuerst eine Lake, indem wir Wasser mit Pökelsalz vermischen.

Tipp

Damit die Lake nicht zu salzig wird, ein rohes Ei in die Lake legen. Schwimmt das Ei oben, ist die Mischung genau richtig.

Auch hier können Sie Teile verschiedener Tiere verwenden. Sie werden überrascht sein, wie gepökeltes und gekochtes Rind- oder Lammfleisch schmeckt. Tafelspitz, ein edles Teil aus der Rinderkeule, eignet sich bestens hierzu. Lassen Sie sich beim Kauf die Sehne auf der mageren Seite des Fleischs vom Metzger wegschneiden und legen Sie es für vier Tage in die Lake. Danach herausnehmen, abwaschen und in einem Topf mit frischem Wasser köcheln lassen. Nach einer Stunde etwas Lauch, Zwiebel, Sellerie und Lorbeerblätter hinzugeben. Das Fleisch wird nun leicht rötlich. Nehmen Sie von der Brühe etwas in einen kleineren Topf und kochen Sie sie mit etwas Sahne auf. Einen Löffel Apfelkompott und frisch geriebenen Meerrettich dazu und mit Mehl-Butter leicht andicken. Gekochten Tafelspitz in Scheiben schneiden und auf der Sauce anrichten. Dazu Salzkartoffeln oder Kartoffelstampes.

Pochiertes Rinderfilet im Apfel-Cidre-Sud

Die Lende ist das edelste Teil vom Rind. Als Steak geschnitten, eignet sie sich bestens zum Kurzbraten. Eine andere Art des Garens ist das Pochieren. Bei schwacher Hitze lassen wir Fleischstücke in einer Flüssigkeit langsam ziehen. Sie können natürlich für dieses Gericht auch Schweinelende, Lammfilets oder Geflügelbrüstchen verwenden.

4 Lendenschnitten à 160 g, 500 ml Brühe,
300 ml „Apfelcidre trocken",
Pfefferkörner, Lorbeerblätter

In einer tiefen Bratpfanne alle Zutaten aufkochen und dann die Fleischteile hineinlegen, 15 Minuten ziehen lassen, wobei die Brühe nicht kochen darf. Die fertigen Fleischteile mit Salat oder frischem Gemüse servieren.

Tipp: Die Brühe nicht salzen, da das Fleisch sonst grau wird.

Rinderrücken auf Apfel-Pfeffersauce

Rinderrücken ist die deutsche Bezeichnung für Rumpsteak. Wie die Lende ist dieses Fleischstück hervorragend zum Kurzbraten geeignet. Achten Sie beim Kauf auf gut abgehangene Ware. Eine zart hellrote Farbe ist immer ein Zeichen dafür, dass das Fleisch zu frisch ist.

4 Rinderrücken à 200 g, 100 g Apfelkompott,
½ Löffel grüne Pfefferkörner,
½ Glas Speierlingapfelwein, 100 ml Bratenfond

Die Rinderrücken von beiden Seiten anbraten und mit der Pfanne in den Backofen bei 200 Grad geben. Dies hat den Vorteil, dass das Fleisch gleichmäßig von allen Seiten Hitze bekommt. Nach circa 7 Minuten das Fleisch herausnehmen und ruhen lassen. Das Fleisch entspannt, und der Fleischsaft kann sich gleichmäßig verteilen.
Für die Sauce den Apfelwein einkochen und den Bratenfond dazugeben. Mit dem Apfelkompott und den Pfefferkörnern vermengen und mit etwas Salz abschmecken. Das Fleisch nochmals kurz in den Backofen geben und danach auf der Sauce anrichten. Reichen Sie Bratkartoffeln und Salat dazu.

Tipp: Verfahren Sie beim Braten von Lendenschnitten oder anderem Kurzgebratenen ebenso.

Lammrücken aus der Apfelweinbeize

Lange Zeit war das Rhönschaf fast ausgestorben. Durch die Initiative einiger Züchter, Bauern und Gastronomen wurde erneut ein großer Bestand herangezüchtet, so dass man wieder in den Genuss dieses wunderbaren Fleischs kommt. Der intensive Geschmack und der geringe Anteil an Fett zeichnen das Fleisch dieser Tiere aus. Sollten Sie kein Rhönschaf bekommen, können Sie auch das Fleisch anderer Rassen verwenden.

2 kg Lammrücken, Quittenapfelwein, Salz, Pfeffer, frischer Rosmarin

Lassen Sie sich von Ihrem Metzger den Lammrücken längs entlang der Mitte durchsägen und die Fettschicht sowie die Silberhaut auf der Fleischseite wegschneiden. Nun den Rücken drei bis vier Tage in den Apfelwein einlegen. Danach herausnehmen und gut trocken tupfen. An der Knochenseite einschneiden und den Rosmarin einlegen. Gut salzen und pfeffern und anschließend in der Pfanne scharf anbraten. Danach auf ein Backblech legen und im vorgeheizten Backofen bei 180 Grad 15 bis 18 Minuten garen. In der Zwischenzeit 10 ml Einlegbrühe mit Rosmarin einkochen und mit Bratenfond auffüllen. Den gebratenen Rücken mit frischen Schnippelbohnen und Kartoffelstampes anrichten.
Dazu ein Glas Quittenapfelwein.

Lammragout mit Dörrobst

Die Lammschulter lässt sich in der Küche sehr vielseitig verwenden. Ob im Ganzen gebraten, als Rollbraten oder Ragout, es finden sich viele Verwendungsmöglichkeiten. Die Schulter ist leicht mit Fett durchwachsen und braucht nur eine relativ kurze Bratzeit.

2 kg ausgelöste Lammschulter, 2 Zwiebeln,
180 g Apfelkompott, 200 g feingewürfeltes Dörrobst,
200 ml Quittenapfelwein, Bratenfond

Lammschulter in grobe Würfel schneiden und mit den gewürfelten Zwiebeln anbraten. Löschen Sie mit dem Apfelwein ab und geben Sie den Bratenfond hinzu. Nach circa 60 Minuten ist das Fleisch weich. Wenn Sie wollen, können Sie die Sauce mit Mehl-Butter leicht andicken. Danach Apfelkompott und das gewürfelte Dörrobst unterheben und noch kurz köcheln lassen. Mit Salz und Pfeffer abschmecken.
Kartoffelgemüse oder Speierlingbandnudeln passen gut dazu.

Heimische Fische

In Hessen gibt es viele Seen und Bäche, in denen wunderbare Fischsorten heranwachsen. Die bekanntesten sind der Zander und die Forelle. Für die Aufzucht der Forellen wird viel klares Wasser und gutes natürliches Futter verwendet. Als Resultat dieser Bemühungen erhalten wir Forellen mit leicht rötlich schimmerndem Fleich.
Vier Eigenkreationen meiner Gerichte mit heimischen Fischen möchte ich Ihnen hier vorstellen.

Zander auf Lauch-Blutwurst-Ragout

Das schmackhafte, weiße Fleisch des Zanders lässt sich sehr gut zum Braten und Dünsten verwenden.

200 g Lauch, 120 g geräucherte Blutwurst, 4 Zanderfilets, ½ Glas Speierlingapfelwein, 15 ml flüssige Sahne

Den Lauch sehr gut waschen und in feine Streifen schneiden, in Butter andünsten und mit dem Apfelwein ablöschen. Mit Sahne auffüllen und sämig einköcheln lassen. Die Blutwurst in Würfel schneiden und zur Sauce geben. Mit Salz und Pfeffer würzen.
Die Zanderfilets, leicht gesalzen und in Butter gebraten, auf die Sauce geben.
Mit Bratkartoffeln und Salat servieren. Dazu natürlich Speierlingapfelwein.

Gedünstetes Forellenfilet im Apfel-Cidre-Sud

300 ml Fischfond, 8 Forellenfilets, feingeschnittene Streifen: Lauch, Sellerie und Karotten, 250 ml Cidre, 3 Lorbeerblätter, eine Prise Salz

Alle Zutaten zusammen aufkochen und mit Salz abschmecken. Die Forellenfilets nebeneinander in den Sud legen und 5 Minuten ziehen lassen. Das Filet ist sehr zart und braucht nur eine kurze Garzeit.
Die Forellenfilets mit den Gemüsestreifen anrichten und mit neuen Kartoffeln und Apfel-Sahnemeerrettich anrichten.

Tipp: Für dieses Rezept können Sie auch andere Fischsorten verwenden, zum Beispiel eine heimische Lachsforelle.

Gebackener Karpfen in der Sauerkrautkruste auf warmem Kartoffelsalat

Der Karpfen zählt zu den ältesten heimischen Fischsorten. Wegen seines Modergeruchs und Schlammgeschmacks war er früher verpönt und selten auf einer Speisekarte zu finden. Dank der besseren Wasserqualität und Pflege bei der Aufzucht ist der Karpfen heute wieder ein beliebter Speisefisch.

Für 4 Personen
4 Karpfenfilets à 160 g, 300 g gekochtes Sauerkraut,
4 Scheiben Toastbrot, entrindet und in der Küchenmaschine fein gemahlen

Die Karpfenfilets von beiden Seiten salzen und pfeffern. In einer Pfanne mit heißer Butter beidseits anbraten. Danach die Karpfenfilets auf ein Backblech legen und
Nun die fein gemahlenen Brösel auf das Sauerkraut streuen und im Backofen bei 160 Grad 8 bis 10 Minuten garen.

Den Kartoffelsalat nach dem Rezept auf Seite 26 herstellen.

Gedünstete Schleie auf Apfel-Meerrettich-Sauce

Die Schleie ist ein sehr schmackhafter Süßwasserfisch und wird wieder verstärkt in heimischen Gewässern gezüchtet. Im Ganzen gebraten oder als Filets gedünstet findet die Schleie Eingang unsere heimische Küche.
Für mein Rezept lassen Sie sich die Schleie von Ihrem Fischhändler filetieren. Rechnen Sie pro Person mit circa 150 Gramm Fischfilet. Geben Sie in eine Auflaufform etwas Fischfond sowie ein halbes Glas trockenen Cidre und lassen alles zusammen aufkochen. Die Filets hineinlegen und fünf bis sieben Minuten ziehen lassen. Wichtig ist, dass die Brühe nicht mehr kocht, da die Schleie sonst trocken und zäh wird.
Von dem Fond eine kleine Menge wegnehmen und in einem Topf mit Sahne aufkochen. Einen halben säuerlichen Apfel in die Sauce reiben und etwas frisch geriebenen Meerrettich dazugeben. Mit Salz und einer Prise Zucker abschmecken.
Die gedünsteten Filets auf einen Teller anrichten und die fertige Sauce dazugeben. Dazu schmecken Salzkartoffeln und ein frische Kopfsalat

Käse

Viele meinen, Käse in Hessen sei nur „Handkäs' mit Musik". Kleine Käsereien stellen viele verschiedene Käsesorten her. Die frische Milch von Schaf, Ziege und Kuh bildet die Grundlage zur Käseherstellung. Vermengen Sie Frischkäse mit Kräutern oder Äpfeln, legen Sie den Käse in Apfelwein ein; so geben Sie dem Käse Ihren eigenen Geschmack. Für alle Käsesorten gilt: Kalter Käse schmeckt nicht. Nehmen Sie den Käse rechtzeitig aus der Kühlung, damit er sich langsam erwärmt. Erst bei leichter Zimmertemperatur entfaltet er seinen vollen Geschmack.

Genau so wichtig ist der Reifegrad. Unreifer Käse hat keinen Geschmack und kein Aroma. Um den richtigen Reifegrad festzustellen, nehmen Sie den Käse zwischen Daumen und Zeigefinger und drücken ihn langsam zusammen. Der Käse muss weich und elastisch sein, und die Eindruckstellen müssen schnell zurückgehen. Stimmen Reife und Temperatur, können wir ihn verarbeiten.

Kochkäse ist wesentlich fetter als Handkäse. Wenn Sie Ihren Kochkäse selbst herstellen wollen, geizen Sie nicht mit Butter und Sahne. Ich werde Ihnen zwei Rezepte für einen guten Kochkäse vorstellen.

Kochkäse aus Handkäse

150 g Butter, 200 ml flüssige Sahne, 350 g Handkäse

Lassen Sie die Butter langsam in einem Topf zerlaufen und geben Sie anschließend den gewürfelten Handkäse dazu. Unter ständigem Rühren den Käse zerlaufen lassen und dann die Sahne dazugeben. Mit Salz und eventuell Kümmel abschmecken. Natürlich können Sie auch etwas Apfelwein und fein geschnittene Äpfel unterrühren.

Kochkäse aus Quark

**500 g Magerquark, 1 Teelöffel Natron,
2 Esslöffel Butter, 2 Eigelb**

Quark mit Natron mischen und zugedeckt 2 bis 3 Tage ziehen lassen. Die Butter in einem Topf langsam erwärmen, den Quark dazu geben und schmelzen lassen. Wenn die Masse zu dick ist, mit etwas Milch verdünnen. Den Kochkäse etwas abkühlen lassen, das Eigelb unterrühren und mit Salz abschmecken.

Gefüllte Ofenkartoffel mit Kochkäse

Pro Person eine Ofenkartoffel weich garen und in der Mitte aufschneiden. Die Kartoffel leicht auseinander drücken und mit Kochkäse füllen. Durch die Wärme der Kartoffel wird der Kochkäse leicht flüssig und bekommt ein wunderbares Aroma.

Handkäse

Handkäse selbst herzustellen, ist nicht einfach; es dauert längere Zeit, bis der Käse ausgereift ist. Wer sich jedoch die Mühe macht, wird sich freuen, wenn er nach 3 bis 4 Wochen seinen „Stinker" mit „Musik" zu einem schönen Glas Apfelwein genießen kann.
Kaufen Sie bei Ihrem Bauern eine unbehandelte, fettreiche Kuhmilch. Diese lassen Sie einige Stunden bei Zimmertemperatur stehen und streichen mit einem Löffel den Rahm ab. Den Rahm lassen Sie noch einmal mindestens 24 Stunden stehen und füllen dann die dickliche Masse in einen Leinensack. Nun drücken Sie mit den Händen die Molke heraus. Kneten Sie die Masse kräftig durch und würzen Sie mit etwas Salz.
Formen Sie kleine Käselaibchen und schichten Sie sie zum Reifen locker in einen Steinguttopf. Decken Sie den Topf mit einem Essigtuch ab und lassen Sie den Käse im Keller 3 bis 4 Wochen reifen. Zwischendurch den Käse immer wieder herausnehmen, abwaschen und erneut mit dem Essigtuch bedecken.
Zum Handkäse gehört die „Musik". Schneiden Sie eine Zwiebel in feine Würfel und vermengen Sie die Zwiebelstückchen mit Essig und etwas Öl. Legen Sie den Käse für einige Zeit in die Marinade ein oder geben Sie sie erst kurz vor dem Essen über den Käse

Handkäsbrot

**4 Scheiben Bauernbrot, 400 g Quark, flüssige Sahne,
8 Handkäse, feingewürfelte Zwiebeln, Schnittlauchröllchen**

Den Quark mit Sahne, Salz und Pfeffer verrühren, bis eine cremige Konsistenz entsteht. Gleichmäßig auf die Brotscheiben verteilen. Den Handkäse in Scheiben schneiden und auf dem Sahnequark verteilen. Mit Zwiebeln und Schnittlauch bestreuen.

Gebackener Handkäse mit roter Zwiebelmarmelade

2 feingeschnittene Zwiebeln, 15 ml trockenen Rotwein, etwas Quittenapfelwein, 2 Löffel Honig, 4 Handkäse, 1 Löffel Butter, ½ Löffel Puderzucker

In einem Topf Butter und Puderzucker erhitzen und die Zwiebeln dazu geben. Mit Rotwein und Apfelwein auffüllen und einkochen. Mit Salz und Pfeffer würzen und den Honig unterrühren. Den Handkäse panieren und in heißer Butter von beiden Seiten schnell anbraten. Zusammen mit der Zwiebelmarmelade anrichten.

Ziegenfrischkäse mit Cidre-Honig-Sauce

400 g Ziegenfrischkäse, 200 ml „Apfel-Cidre fruchtig", 2 Löffel Honig, 100 g Walnüsse

Apfel-Cidre und Honig in einen Topf geben und zur Hälfte einkochen lassen. Den Ziegenfrischkäse auf den Tellern verteilen und mit der fertigen Sauce begießen. Walnüsse in etwas Butter anrösten und über den Käse verteilen.

Terrine von Handkäse und Kochkäse mit „Musik"

700 ml Sülzenstand, 500 g Kochkäse, 500 g Handkäse

Eine kleine rechteckige Kastenform mit Klarsichtfolie auslegen. Etwas Sülzenstand auf den Boden der Form gießen. Mit einem Löffel gleichmäßig Kochkäse darauf verteilen und wieder mit Sülzenstand auffüllen. Gewürfelten Handkäse darauf schichten und ebenso mit Sülzenstand begießen. Diesen Vorgang wiederholen Sie zweimal und lassen die Terrine gut durchkühlen. Den Käse vorsichtig aus der Form nehmen, in dicke Scheiben schneiden und mit „Musik" marinieren.

Gebackener Schafskäse

Verwenden Sie für dieses Gericht – wenn möglich – deutschen Schafskäse. Sie werden von seinem Geschmack überrascht sein. Falls dieses Produkt nicht erhältlich ist, nehmen Sie französichen, griechischen oder türkischen Schafskäse. Achten Sie beim Kauf darauf, dass er nicht zu salzig schmeckt.

Schneiden Sie den Schafskäse in fingerdicke Scheiben, panieren Sie ihn wie ein Schnitzel und braten Sie ihn in der Pfanne von beiden Seiten. Der Käse muss innen warm sein. Die gebackenen Käsescheiben zusammen mit frischem Blattsalat und Apfelremoulade anrichten.
Sehr gut schmeckt dieses Gericht auch mit der roten Zwiebelmarmelade.

Ebbes Süßes für Hinterher

Der krönende Abschluß eines Essens ist immer der Nachtisch. Ob Früchte, Cremes, Pudding oder Eis, „Ebbes Süßes“ geht immer noch.
Desserts lassen sich gut vorbereiten, und Sie können Ihre Kreativität beim Zusammenstellen der Süßspeisen zeigen.
Verwenden Sie je nach Jahreszeit frische Früchte und komponieren Sie diese mit Cremes, Pudding, ... – Ihrer Fantasie sind keine Grenzen gesetzt. Irgendetwas Süßes ist immer schnell aufgetischt.
Ich habe für Sie einige Rezepte zusammengestellt, die problemlos nachgekocht werden können.
Die Rezepte sind immer für 4 bis 6 Personen ausgelegt.

Grundrezept für Vanillesauce

250 ml Milch, 125 ml Sahne, 3 Eigelb, 2 Vanillestangen, 1 Löffel Zucker

Milch und Sahne aufkochen. Die Vanillestangen längs aufschneiden und mit einem kleinen Messer das Mark herauskratzen und in die Milch geben. Das Eigelb mit dem Zucker schaumig rühren. Diese Masse jetzt langsam in die kochende Milch einrühren und circa 2 Minuten ziehen lassen. Die Sauce darf jetzt nicht mehr kochen. In eine Schüssel umfüllen und kalt stellen. Die Vanillesauce können Sie zu allen Desserts servieren und durch Zugabe verschiedener Spirituosen geschmacklich variieren.

Tipp:
Geben Sie die ausgekratzten Vanillestangen in ein Einmachglas und füllen es mit Zucker auf. Sie erhalten so einen wunderbaren Vanillezucker.

Weiße Schoko-Apfelmousse

150 g weiße Couvertüre, 1 Ei, 3 Blatt Gelatine, 2 Esslöffel Apfelkompott, 300 g geschlagene Sahne

Couvertüre in eine kleine Schüssel geben und im Wasserbad schmelzen lassen. Gelatine in kaltem Wasser einweichen, danach gut ausdrücken und ebenso im Wasserbad flüssig werden lassen. Die Couvertüre, das Ei und die aufgelöste Gelatine durchmixen und mit dem Apfelkompott unter die geschlagene Sahne heben. In eine Schüssel umfüllen und im Kühlschrank durchkühlen lassen. Mit einem nassen Löffel Nocken abstechen, mit Vanillesauce und frischen Erdbeeren anrichten.

Hessisches Tiramisu

Löffelbiskuits, 250 g Frischkäse-Doppelrahmstufe, 3 Eigelb, 125 ml heißen Apfelsaft, 250 g Apfelkompott, 9 Blatt Gelatine, 250 ml geschlagene Sahne

Eine Auflaufform mit den Löffelbiskuit auslegen und mit dem heißen Apfelsaft begießen. Das Apfelkompott erwärmen, vier eingeweichte Blätter Gelatine darin auflösen und gleichmäßig auf die Biskuits verteilen. Den Frischkäse mit dem Eigelb und Zucker sowie der geschlagenen Sahne vermengen.Fünf Blatt Gelatine auflösen und unter die Sahnemasse heben. Das Ganze nun über das Apfelkompott verteilen und circa drei Stunden durchkühlen lassen.

Ein Glas roter Apfelschaumwein verleiht diesem köstlichen Nachtisch eine besondere Note.

Apfelbettelmann

Früher war der Apfelbettelmann ein „Arme-Leute-Essen". Heute, verfeinert auf den Tisch gebracht, ist dieses Dessert beliebter Abschluss eines schönen Essens.

3 bis 4 säuerliche Äpfel, 3 altbackene Brötchen,
250 ml Milch, 3 Eigelb, 3 geschlagene Eiweiß, Zucker

Die Brötchen in Würfel schneiden und in einer Schüssel mit dem Eigelb vermengen. Milch und Zucker aufkochen und über die Brötchen geben. Äpfel schälen, vierteln und in feine Scheiben schneiden. Diese mit dem geschlagenen Eiweiß sowie den Brötchen vermengen. Eine runde Kuchenform ausbuttern und damit befüllen.
Im Backofen bei 140 Grad circa 25 Minuten backen.
Verfeinern Sie die Vanillesauce (Rezept Seite 84) mit Zimt und servieren Sie sie leicht gekühlt zum „Bettelmann".

Schoko-Haselnusskuchen mit Äpfeln und Birnen

100 g geriebene Haselnüsse, 80 g Zucker, 4 Eigelb, 100 g Quark, 100 g Butter, 4 Eiweiß, 50 g Bitterschokolade, 50 g Zucker, 1 Prise Salz, 2 säuerliche Äpfel, 2 Birnen

Die handwarme Butter mit dem Zucker schaumig rühren. Nach und nach das Eigelb langsam unterheben, danach mit dem Quark und den Haselnüssen gut vermengen. Die Bitterschokolade im Wasserbad flüssig werden lassen und ebenso unter die Masse heben. Das Eiweiß mit dem Zucker steif schlagen und vorsichtig unter die Quarkmasse heben. Eine runde Springform ausbuttern und mit der fertigen Teigmasse befüllen. Im Backofen bei 180 Grad circa 15 Minuten backen.
Die Äpfel und Birnen in Scheiben schneiden. Zwei Löffel Butter und einen Löffel Puderzucker erhitzen und die geschnittenen Früchte darin andünsten. Mit etwas Apfelsaft ablöschen und kurz aufkochen. Den Kuchen in Stücke schneiden und zusammen mit den Äpfeln und Birnen anrichten.

Tipp
Sie können von dem Kuchen größere Mengen herstellen und in Alufolie eingepackt im Kühlschrank einige Tage aufbewahren. Geben Sie den Kuchen kurz vor dem Essen noch für einige Minuten in den Backofen, und er bekommt seine natürliche Frische zurück.

Gefüllte und frittierte Nudeltaschen auf Erdbeermark

Nudelteig nach Grundrezept (Seite48),
200 g Quark, 1 Eigelb, Zucker
Für die Sauce 300 g frische Erdbeeren

Quark und Eigelb mit dem Zucker vermengen und kühl stellen. Den Nudelteig dünn ausrollen und mit einem Glas runde Teile ausstechen. Geben Sie in die Mitte auf die ausgestochen Teile einen Kaffeelöffel von der Quarkmasse. Die Teigränder leicht mit Wasser anfeuchten und fest zusammen drücken. In der Fritteuse 2 bis 3 Minuten ausbacken. Auf Küchenpapier legen und abtropfen lassen. Die Erdbeeren im Mixer pürieren und mit den Nudeltaschen servieren.

Tipp
Haben Sie keine Fritteuse, erhitzen Sie Pflanzenfett in einem Topf.

Grießknödel auf Ragout von Erdbeeren und Rhabarber

500 ml Milch, 200 g Hartweizengrieß, 3 Eigelb, Zucker, 200 g Erdbeeren, 200 g Rhabarber, 500 ml Wasser, 10 ml Quittenapfelwein

Rhabarber putzen, in grobe Würfel schneiden und mit etwas Zucker leicht marinieren. Wasser und Apfelwein mit dem Zucker aufkochen und den geschnittenen Rhabarber darin für 2 Minuten ziehen lassen. Die weichen Stücke herausnehmen, abkühlen lassen und mit den halbierten Erdbeeren vermischen. Den Sud noch etwas einkochen lassen und über die Früchte geben.
Für die Knödel die Milch mit dem Zucker erhitzen und den Grieß langsam einrieseln. Die Masse ist fertig, wenn sie sich vom Topfboden löst. Alles vom Herd nehmen, leicht abkühlen lassen und dann das Eigelb unter den Grieß rühren. Mit nassen Händen Klöße formen und diese in einem Topf mit siedendem Wasser 15 Minuten ziehen lassen.
Das durchgezogene Ragout in einen Suppenteller geben, die Klöße darauf anrichten und mit Zucker und Zimt bestreuen.

Apfelweingugelhupf auf Kompott von Äpfeln und Backpflaumen

Dieses Dessert ist etwas schwierig in der Herstellung, aber denken Sie an Ihre Freude, wenn der gebackene Gugelhupf vor Ihnen steht.

200 g weiche Butter, 3 Eigelb 3 geschlagene Eiweiß, 2 Löffel Zucker, 150 g Mehl, 125 ml Speierlingapfelwein, 3–4 säuerliche Äpfel, 100 g Backpflaumen, Butter, Puderzucker, 100 ml Quittenapfelwein

Die weiche Butter mit dem Zucker schaumig rühren. Langsam das Eigelb unterheben und das Mehl einrieseln lassen. Sie haben jetzt einen kompakten Teig, der durch die Zugabe des erwärmten Apfelweins wieder locker wird. Mit dem Schneebesen das geschlagene Eiweiß vorsichtig unterheben, es dürfen keine weißen Flocken zu sehen sein. Gugelhupfförmchen oder Kaffeetassen ausbuttern und mit Mehl ausstäuben. Die Förmchen zu zwei Drittel mit der Masse befüllen, auf ein Backblech stellen und im Backofen bei 140 Grad 25 Minuten backen.
Stellen Sie eine Tasse Wasser mit auf das Blech; dadurch bekommt der Ofen etwas Feuchtigkeit und der Gugelhupf geht besser auf.

Für das Kompott die Äpfel schälen, vierteln und in Scheiben schneiden. Butter und Puderzucker leicht karamellisieren lassen. Die geschnittenen Äpfel dazugeben und mit dem Quittenapfelwein weich dünsten. Die Backpflaumen halbieren und zum Schluss mit unterheben. Den fertigen Gugelhupf aus der Form nehmen und zusammen mit dem Kompott anrichten. Hierzu ein Glas „Sider Exclusiv Gold Apfelschaumwein".

Apfeltörtchen auf Schaumsauce von Speierlingapfelwein

4 säuerliche Äpfel, Zucker, Zimt,
70 g eingeweichte Rosinen, 30 g Mandeln

Süße Royal:
125 ml Milch, 1 Ei, 2 Eigelb, Schaumsauce:
125 ml Speierlingapfelwein, 3 Eigelb, Zucker

Die geschälten Äpfel in feine Würfel schneiden, mit Zucker und Zimt sowie den Rosinen 30 Minuten zusammen ziehen lassen. Kaffeetassen ausbuttern und zu zwei Drittel mit den marinierten Äpfeln füllen. Die Zutaten für die süße Royal durchmixen und über die Äpfel geben.
Ein Backblech mit etwas Wasser angießen, die Tassen darauf stellen und im Backofen bei 140 Grad 20 Minuten garen.
Für die Schaumsauce alle Zutaten durchrühren und im heißen Wasserbad cremig schlagen. Die Törtchen aus der Tasse stürzen und mit der Schaumsauce auf einem Suppenteller anrichten.

Apfelwein

Die Vielfalt der Weinbereitung aus den Äpfeln unserer heimischen Streuobstwiesen nimmt immer wunderbarere Ausmaße an. Wurde der Apfelwein noch vor wenigen Jahren ausschließlich als unterschiedsloses Einheitsgetränk in der Öffentlichkeit abqualifiziert, nehmen mittlerweile die Menschen den Wein aus Äpfeln in faszinierender Auswahl wahr. Von klassisch-fruchtsäuerlich bis weinfruchtig-mild; nach der Cidre-Methode oder dem Sherryverfahren ausgebaut; sortenrein gekeltert oder als Nikolausschoppen früh gezapft; als Obstbrand im Eichenfass gelagert oder gemäß der klassischen Flaschengärung mit Champagnerhefen geadelt – eine genussvolle Apfelwelt wartet darauf, entdeckt zu werden.

Mithin öffnen sich für die edlen Apfelgenüsse die Türen vieler Küchen unterschiedlichster Ausrichtung. Als ein Pionier der Verbindung zur veredelten heimischen Kochtradition gilt Claus J. Viering. Bereits vor mehr als zehn Jahren präsentierten wir die ersten mehrgängigen Apfelmenüs dem interessierten Publikum. Eine Verbindung, die bis heute Bestand hat und der ich viele Anregungen für den Ausbau meiner Apfelwein-Spezialitäten verdanke. Die folgenden Empfehlungen zu apfel-weinigen Begleitung ihrer Speisen haben viele Gäste vom Gasthaus Adler bereits mit großer Genussfreude erlebt.

Jörg Stier

Klassische Apfelweine

Urschoppen
Der klassische Schoppen mit dem kernig-apfeligen Nachhall. Haspel, Leiterschen, Sauerkraut und Handkäs' mit Musik bieten in seiner Begleitung einen Genuss einer Zeitreise gleich.

Schlehen Apfelwein
Ein Hauch Schlehe verleiht diesem Apfelwein eine fein-gerbstoffige Note. Sommerliche Salate, gekochter Fisch mit leichter Soße und gegrilltes Geflügel harmonieren mit unserem Sommertrunk.

KrawallSchoppen
Gekeltert mit der alten, auf unseren Obstwiesen weit verbreiteten „Rheinischen Bohnapfel" zeigt dieser Wein die ganze Frucht des Apfels. Eine Freude zu Fleisch von Rind und Schwein aller Art.

Echter Speierling Apfelwein
Weinig-harmonische Frucht und charakteristisch trockener Nachhall bieten diesen Wein aus Äpfeln zur Begleitung feiner Küche an. Waller mit pikanter Soße oder zartes Fleisch vom Wild sind stets bestens geeignet.